8 Mai 1889.

P

VENTE DU MERCREDI 8 MAI 1889

HÔTEL DROUOT, SALLE N° 5

ANCIENNES

PORCELAINES DE SÈVRES

PATE TENDRE

Porcelaines de Saxe — Faïences — Objets d'art

BRONZES

Tapisseries

EXPOSITION PUBLIQUE

LE MARDI 7 MAI 1889

DE 1 HEURE A 5 HEURES

Me PAUL CHEVALLIER
COMMISSAIRE-PRISEUR
10, rue de la Grange-Batelière, 10

M. CHARLES MANNHEIM
EXPERT
7, rue Saint-Georges, 7

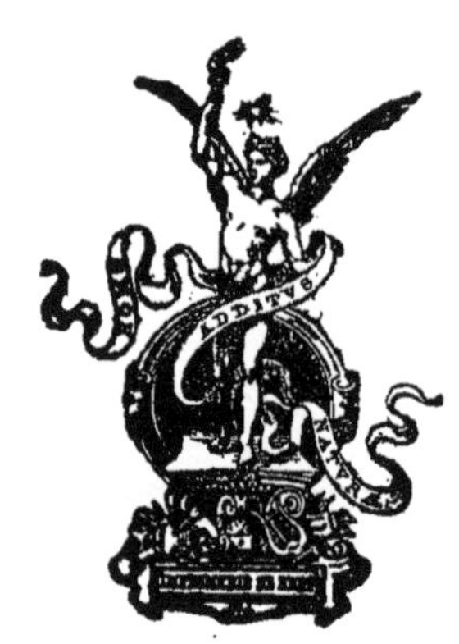
ADDITVS

CATALOGUE

DES

PORCELAINES DE SÈVRES

PATE TENDRE

Jardinières, Vases, Seaux, Écuelles, Services, Tasses, Plateaux, Assiettes, etc.

PORCELAINES DE SAXE

Groupes, Figurines, Cabaret

OBJETS D'ART

Émaux de Limoges, Émaux cloisonnés, Camées, etc.

Ivoires — Marbres

Bronzes d'art des XVIe et XVIIe siècles

Pendules du XVIIIe siècle — Tapisseries

DONT LA VENTE AURA LIEU

HOTEL DROUOT, SALLE N° 5

Le Mercredi 8 Mai 1889

A 2 HEURES

Me PAUL CHEVALLIER
COMMISSAIRE-PRISEUR
10, rue de la Grange-Batelière, 10

M. CHARLES MANNHEIM
EXPERT
7, rue Saint-Georges, 7

EXPOSITION PUBLIQUE

Le Mardi 7 Mai 1889, de 1 heure à 5 heures.

CONDITIONS DE LA VENTE

Elle sera faite au comptant.

Les acquéreurs payeront en sus des enchères *cinq pour cent*, applicables aux frais.

L'exposition mettant le public à même de se rendre compte de l'état des objets, il ne sera admis aucune réclamation une fois l'adjudication prononcée.

Paris. — Imp. de l'Art. E. Ménard et Cie, 41, rue de la Victoire.

DÉSIGNATION DES OBJETS

PORCELAINES DE SÈVRES

Pâte tendre

1 — Grande jardinière oblongue et de forme contournée, à extrémités garnies de feuillages en relief et recourbées en volutes, en vieux Sèvres, pâte tendre, à décor de festons, de filets et d'ornements en dorure ; la face présente des jeux d'enfants peints en camaïeu carmin par Asselin, et le côté opposé un paysage de même ton. Lettre N. 1765.

2 — Grande jardinière de même forme que la précédente, à décor de jeux d'enfants et de festons en camaïeu carmin avec filets, rehauts et dents de loup dorés.

3 — Autre jardinière lobée et contournée, à deux

compartiments séparés par une cloison, en vieux Sèvres, pâte tendre, à décor de paysages, de festons et de bordure hachurée en camaïeu rose, peints par Aloncle. Lettre E. 1757.

4 — Seau à deux petites anses plates, en vieux Sèvres, pâte tendre, décoré de bouquets et de fleurs détachés en couleur, de filets bleu et or, en haut et à la base. Lettre F. 1758.

5 — Deux seaux, vieux Sèvres tendre, à anses faites de rinceaux, décor à gros bouquets et filets bleu et or. Lettre X. 1774.

6 — Deux seaux à anses, vieux Sèvres tendre, décoré, en haut, d'une draperie frangée d'or ; au-dessous, d'une zone d'arabesques entre deux filets dorés, et à la base d'un semis de roses ; décor par Tandart. Lettre R. 1769.

7 — Petit seau en vieux Sèvres, pâte tendre, décoré de bouquets et de fleurs jetés, peints par Le Bel, et de filets et de hachures bleus avec rehauts d'or. Lettre Y. 1775.

8 — Deux petits seaux à peu près semblables, à décor de fleurs, de filets bleus et de rehauts d'or.

9 — Petit vase en forme de balustre en vieux Sèvres, pâte tendre, enveloppé de branchages et de fleurettes en relief, émaillés en couleur et rehaussés d'or; la terrasse est montée sur socle à godrons en bronze doré.

10 — Paire de vases à anses doubles, en vieux Sèvres, pâte tendre, décorés, par Tandart, de guirlandes de roses, et offrant sur le col le chiffre C B fait d'un feston de roses et placé dans un encadrement de feuillage. Lettre V. 1773.

11 — Petit vase à couvercle, en vieux Vincennes, fond gros bleu et médaillon d'oiseaux avec monture de bronze ciselé et doré.

12 — Deux confituriers oblongs en vieux Sèvres, pâte tendre, à décor de branches de fleurs et de bandes bleu et or, par Lecot.

13 — Beau plateau oblong et à contours, en vieux

Sèvres, pâte tendre, décoré d'un paysage encadré d'une bordure gros bleu vermiculée d'or. Lettre I. 1761.

14 — Deux plateaux oblongs légèrement contournés, en vieux Sèvres, pâte tendre, à filets d'or, décorés d'amours et de fleurs jetées en camaïeu rose, peints par Buteux. Lettre G. 1759.

15 — Plateau ovale et contourné en vieux Sèvres, pâte tendre, à festons de fleurs en couleur, et marli à rinceaux bleus sur fond pointillé d'or. Lettre C. 1755.

16 — Plateau ovale à ouvertures circulaires aux extrémités, en porcelaine de Sèvres, pâte dure, décorée de figures chinoises en couleur avec rehauts d'or.

17 — Service à dessert en Sèvres : pâte tendre, vingt-six assiettes et quatre compotiers à festons de fleurs en couleur, marli gaufré relevé de rinceaux violacés et bordé d'une dent de loup dorée.

18 — Petit plateau lobé à bord oblique relevé d'une dent de loup dorée ; décor à fleurs jetées en camaïeu rose, vieux Sèvres, pâte tendre. Lettre C. 1755.

19 — Écuelle ronde à deux anses, couvercle surmonté d'une branche, et plateau ovale en vieux Sèvres, pâte tendre, à décor de guirlandes polychromes et de bandes bleu turquoise ondulées et rehaussées d'or. Lettres H. H. 1784.

20 — Écuelle à deux anses, couvercle surmonté d'une branche et plateau ovale en vieux Sèvres, pâte tendre, à fleurs polychromes peintes par Poinet et à filet bleu et dent de loup dorée. Lettre T. 1771.

21 — Écuelle à deux anses, couvercle surmonté d'un fruit, et plateau rond à anses ajourées, en vieux Sèvres, pâte tendre, d'un décor élégant par Buteux fils : bouquets de roses dans des médaillons oblongs, reliés par une bande fond jaune à fleurettes et losanges de feuilles entre deux zones pointillées bleu, à couronnes de feuilles. Le bouton du couvercle, les

anses de la tasse et du plateau sont dorés. Lettres C. C. 1779.

22 à 24 — Trois plats ronds à bords contournés, en vieux Sèvres, pâte tendre, décor à bouquets jetés et bordure de hachures bleu et or, dit feuille de chou.

25 — Plat à bord festonné, vieux Sèvres, à fleurs et hachures bleues, décor dit feuille de chou.

26 — Petit plateau à biscuit, vieux Sèvres, pâte tendre, à bord chantourné relevé de hachures bleues et rehaussé de filets d'or; décor à fleurs dit feuille de chou.

27 — Cabaret en ancienne porcelaine de Sèvres, décoré d'un semis de roses et d'une bordure bleu lapis, relevée de guirlandes de perles en dorure. Il comprend une théière, pâte dure, un sucrier, un pot à crème, un bol, neuf tasses et neuf soucoupes en pâte tendre.

28 — Tasse droite et soucoupe, vieux Sèvres, pâte

tendre, fond gros bleu relevé d'un treillis de feuilles en dorure. Sur la tasse, médaillon d'après Boucher : la Pêche ; sur la soucoupe, médaillon d'après Boucher : l'Oiseleur.

29 — Tasse arrondie et soucoupe, vieux Sèvres, pâte tendre, à large bordure contenant des roses jetées sur fond pointillé bleu et à festons de feuilles sur fond blanc. Lettre F. 1758.

30 — Grande tasse droite et soucoupe de vieux Sèvres, pâte tendre, à large bordure composée d'une succession de cartels pointillés et quadrillés, bleu et rose, avec rehauts d'or ; décor par Capelle. Sur la soucoupe a été adaptée une galerie en argent découpé à jour et doré.

31 — Tasse droite et soucoupe, vieux Sèvres tendre, à semis de fleurettes et festons s'enroulant autour d'un filet carmin ; la tasse présente un médaillon à fond bleu contenant l'initiale *L* dessinée par des roses. Lettres K. K. 1786.

32 — Tasse à base arrondie, en vieux Sèvres, pâte tendre, décorée d'une scène pastorale d'après

Boucher, de filets bleus et d'une dent de loup dorée. Lettre K. 1762.

33 — Petit plateau carré à bord oblique, découpé à jour, en vieux Sèvres, pâte tendre, décoré de rosaces vert et or inscrites dans un quadrillé sur fond rose. Lettre K. 1762. Décor par Vincent.

34 — Tasse cul de poule à anse double et soucoupe, vieux Sèvres tendre, à fond semé de pois d'or et à médaillons contenant des attributs agrestes peints par Vieillard. Lettre O. 1766.

35 — Tasse droite et soucoupe, à médaillons d'attributs champêtres en couleur et à bandes entrecroisées bleu turquoise et or. Lettre H. 1760.

36 — Théière ovoïde, couverte, en vieux Sèvres, pâte tendre, à décor de fleurs encadrées de hachures bleu et or, modèle feuille de chou.

37 — Théière ovoïde, couverte, en vieux Sèvres, pâte tendre, à grands médaillons d'oiseaux en réserve sur fond turquoise, rehaussé de feuillages et d'ornements en dorure. Lettre M.

38 — Théière côtelée, en vieux Sèvres, pâte tendre, à décor bleu : guirlandes, hachures et bandes pointillées, avec rehauts d'or.

39 — Pot à crème, en forme de casque, vieux Sèvres, pâte tendre, à décor de fleurs en camaïeu bleu et dents de loup dorées.

40 — Petit sucrier à couvercle surmonté d'une fleurette, en vieux Sèvres, pâte tendre ; paysages et figures, par Aloncle, et dent de loup dorée. Lettre F. 1758.

41 — Petit pot à pommade, avec couvercle à fleurette, vieux Sèvres tendre, à rubans vert fileté d'or et à guirlandes en couleur.

42 — Tasse droite et soucoupe en Sèvres, pâte tendre, à fond semé d'œils de perdrix bleus à pois d'or et roses ponctués de vert; médaillon de fleurs sur la tasse ; rosace bleu, rose et or sur la soucoupe.

43 — Tasse droite et soucoupe en Sèvres, pâte

tendre, à fond gros bleu et bande d'entredeux en réserve contenant des arabesques ; le bleu de la tasse est uni, celui de la soucoupe est marbré d'or.

44 — Tasse droite et soucoupe en vieux Sèvres, pâte tendre, fond gros bleu, relevé d'ornements en dorure, et médaillons à figures et attributs peints par Chabry ; les ors par Chavaux. Lettre Z. 1776.

45 — Tasse cul de poule et soucoupe en Vincennes, à fond gros bleu et médaillons d'oiseaux encadrés de fleurs d'or.

46 — Tasse sans anse et une soucoupe, fond gros bleu à médaillons d'oiseaux.

47 — Tasse cul de poule à anse double et soucoupe lobée en vieux Sèvres tendre, à fleurs jetées, filets bleus et dent de loup dorée. Lettre B.

48 — Petite tasse arrondie et soucoupe en vieux Sèvres tendre, à raies bleu, rose et or, avec

bandes réservées jaspées de carmin et d'or. Lettre M.

49 — Petite tasse arrondie et soucoupe, à décor de fleurs inscrites dans un treillis vert bordé de picots d'or.

50 — Petite tasse droite et soucoupe en vieux Sèvres, pâte tendre, fond rose semé d'œils de perdrix bleus ponctués d'or, et médaillons contenant des couronnes de fleurs en couleur. Lettre M. 1764.

51 — Petite tasse droite et soucoupe en porcelaine, pâte tendre, à rosaces vert et pourpre rehaussées d'or et reliées par des guirlandes sur fond pointillé bleu.

52 — Petite tasse droite et soucoupe en vieux Sèvres, pâte tendre, décoré de guirlandes en couleur et en dorure et de ceintures de feuilles en vert; bord bleu lapis et or. Marque de Le Guay.

53 — Sucrier couvert, pot à crème et tasse arron-

die avec soucoupe en Sèvres, pâte tendre, à fond émaillé vert, avec réserves circulaires contenant des roses et encadrés d'une couronne de feuilles en dorure.

Pâtes tendres diverses.

54 — Deux tasses à bases arrondies et leurs soucoupes en porcelaine tendre, fond rose Dubarri quadrillé d'or et médaillons contenant des oiseaux.

55 — Petite tasse droite et soucoupe en porcelaine tendre, fond rose Dubarri, avec médaillons de fleurs réservés et entourés de bandes vert et or.

56 — Paire de vases ovoïdes et à piédouches en porcelaine tendre, décorés d'un semis de roses, avec socles et couvercles à graines en bronze ciselé et doré.

57 — Jardinière-éventail, à base s'emboîtant dans une base découpée à jour, en porcelaine tendre, à décor de bouquets séparés par des bandes bleues avec rehauts d'or.

58 — Deux cache-pots en forme de corbeilles ajourées, tressées en vannerie, émaillées vert et rose relevés de filets dorés.

59 — Deux plaques rondes en porcelaine, pâte tendre, à décor de pastorales dans le goût de Boucher.

PORCELAINES DE SAXE

60 — Groupe de quatre figurines d'enfants Bacchus jouant avec une chèvre et tenant des grappes de raisin, en vieux Saxe décoré en couleur avec rehauts d'or.

61 — Deux écureuils en vieux Saxe, décorés au naturel, sur terrasses garnies de plantes et de fleurettes en relief.

62 — Cabaret d'ancienne porcelaine de Saxe décorée de médaillons lobés finement peints à paysages et figures, encadrés de filets d'or et ressortant sur fond violacé. Il compreud : une

grande cafetière, un pot à lait, une théière, un flacon à thé, un bol, un petit plateau et neuf tasses avec soucoupes de deux modèles.

63 — Vase à couvercle en vieux Saxe, fond jaune, à médaillons en couleurs, scènes chinoises, encadrés de filets d'or.

64 — Groupe : l'Enlèvement d'Europe ; ancienne porcelaine de Saxe décorée en couleur et rehaussée d'or.

65 — Groupe de trois figurines autour d'une corbeille remplie de fleurs ; vieux Saxe décoré en couleur avec rehauts d'or.

66 — Statuette de marquise Louis XV, en robe à paniers, tenant un petit carlin et ayant un autre chien à ses pieds ; vieux Saxe émaillé en couleur et rehaussé d'or. Cette figurine est supportée par un socle rectangulaire à gorge décorée de médaillons peints, paysages, figures et fleurs.

67 — Théière en forme de poule ; Saxe décoré au naturel.

68 — Autre : poule et poussins.

WEDGWOOD

69 — Deux frises en Wedgwood, représentant la Chasse et les Beaux-Arts, symbolisés par des groupes d'enfants en biscuit blanc ressortant en léger relief sur un champ bleu. — Hauteur des plaques, 12 cent.; larg., 46 cent.

FAIENCES

70 — Vase piriforme et à anse, en faïence de Perse à décor de fleurs en bleu, rouge et vert sur émail blanc.

71 — Autre, plus petit, de décor analogue.

72 — Vase en forme de pomme de pin, en faïence de Deruta du xvie siècle, émaillée jaune chamois à reflets métalliques.

OBJETS D'ART VARIÉS

73 — Custode à couvercle conique, en cuivre champlevé, émaillé et doré. XIIIe siècle.

74 — Coupe en émail de Limoges, peinte en couleur sur paillons et rehaussée d'or, présentant un sujet de l'histoire d'Esther.

75 — Plaque cintrée du haut, peinte en émaux de couleur, partie sur paillons, avec rehauts d'or, et représentant le Christ en croix, la Vierge, sainte Madeleine et saint Jean. Elle est attribuée à P. Courteys et semble provenir d'un baiser de paix.

76 — Gobelet campanulé en émail, de J. Laudin, décoré au pourtour de deux médaillons peints en couleur : Zénobie et Arrie, et de deux bustes de César dans les entredeux, avec encadrements de rinceaux en émail blanc rehaussés d'or; l'intérieur est émaillé bleu turquoise.

77 — Très grand camée dur sur agate onyx à deux

couches, de forme ovale, et représentant en bas-relief le Triomphe de Vespasien.

78 — Boîte ronde décorée au vernis de raies multicolores, galonnée d'or et ornée sur le couvercle d'une miniature sur ivoire : Portrait de femme.

79 — Deux vases quadrangulaires à col et à piédouche de bronze ciselé doré et d'émail cloisonné, offrant sur chaque face une plaque de jade découpée à jour, appliquée sur fond de métal doré ; ces vases sont surmontés d'arbustes fleuris et feuillus exécutés en jade vert, jade gris, etc. Travail chinois.

80 — Deux petits vases à corps ovoïde et anses carrées, composés de compartiments en nacre de perle encadrés de galons perlés en cuivre doré.

81 — Deux petits vases ronds et à anses contournées en S, surmontés de branchages fleuris, en cuivre doré, émaillé blanc et garni de coraux incrustés. Époque Louis XIII.

82 — Bas-relief représentant la Mère de douleurs,

exécuté en lapis, jaspe sanguin, rouge antique, etc. Travail italien du XVIIe siècle.

83 — Coupe nautile en nacre, décorée de gravures figurant des insectes et garnie d'une monture en argent doré, à anse formée d'un dragon, à pied découpé à jour. Travail allemand.

84 — Deux socles rectangulaires à moulures et à gorge, en buis noir et marqueterie de cuivre et d'écaille. Genre Boulle.

85-86 — Deux coffrets à bijoux de forme monumentale, à toiture dômée, en bois sculpté et doré, à consoles, cornes d'abondance, têtes de chérubins, feuillages et ornements de style Louis XIV ; ils offrent sur trois faces des ouvertures ovales vitrées.

87 — Glaive à lame dite langue de bœuf, décorée de gravures (figures et ornements), et à poignée d'ivoire se terminant par une arcade de bronze doré, et décorée de rosaces ajourées.

88 — Pupitre en forme de livre, en cuir gaufré et doré du XVIe siècle.

89 — Tableau en tapisserie au petit point : Personnages dans une barque.

90 — Autre, représentant une cour de ferme.

91 — Deux tableaux : César et Néron.

92 — Petit tableau : Sujet de sainteté.

93 — Lot d'antiquités, fragments de vase en bronze et statuette en terre cuite.

IVOIRES

94 — Bas-relief en ivoire, sans fond : Apollon et Marsyas, appliqué sur panneau de bois noir fixé dans un cadre à moulure. Travail du XVIIe siècle. — Haut., 30 cent.; larg., 24 cent.

95 — Ivoire. Statuette de Vénus debout, tenant une draperie; cette figure, qui mesure 52 cent. de haut, est placée dans une niche tendue de velours.

96 — Cippe en ivoire sculpté en bas-relief, offrant au pourtour deux sujets tirés de la Genèse : Ève tentée par le serpent ; Adam et Ève chassés du Paradis ; monture en argent doré ; le couvercle est formé d'un groupe d'ivoire : Samson et les Philistins, surmonté d'un bouquet de fleurs en argent. Travail allemand du XVIIe siècle.

97 — IVOIRE. Statuette équestre d'un personnage en costume de l'époque Louis XIII, portant une riche armure. Travail du temps.

98 — IVOIRE. Bonbonnière sphérique à décor de fleurs, de feuillages et de figures : Buveurs et Danseurs, sculptés en bas-relief ; elle est garnie d'une charnière et d'un fermoir à rinceaux en argent ciselé. Travail indien.

MARBRES

99 — Deux bustes-appliques de style grec, en rouge antique.

100 — Deux groupes en marbre blanc : Allégories ;

dans l'une, une jeune femme vêtue à l'antique, casquée, armée d'un sabre et ayant près d'elle un enfant tenant un soufflet ; dans l'autre, une vieille femme tenant des feuillets de papier et ayant aussi à ses côtés un enfant tenant un soufflet.

101 — Deux petits bustes en marbre de Vérone, l'un jaune, l'autre rosé : Diane et Cérès. Travail du XVIIIe siècle.

102 — Statuette de César sur piédestal enguirlandé, marbre blanc.

103 — Pierre lithographique : sorte de pommeau formé d'un enchevêtrement de figures, d'animaux, de dragons et de divers emblèmes héraldiques accompagnés de banderoles à devises.

BRONZES D'ART

104 — Groupe : l'Enlèvement de Proserpine par Pluton, bronze à patine brune du XVIIe siècle, sur plinthe de marbre noir. — Haut., 60 cent.

105 — Statuette : Hercule enfant étouffant les serpents, bronze à patine brune, XVIIIe siècle, sur socle en bois peint. — Haut., 30 cent.

106 — Statuette de Zéphyre, planant et jetant des fleurs sur son passage. Socle rond en bronze sur plinthe de marbre. — Hauteur totale, 50 cent.

107 — Buste de faune en bronze à patine brune, sur piédouche en marbre. XVIIe siècle. — Haut., 40 cent.

108 — Tête d'empereur romain en bronze du XVIIe siècle, à patine rougeâtre, élevée sur piédouche de bronze. — Haut., 42 cent.

109 — Groupe : Hercule et Omphale, bronze à patine brune du XVIe siècle. — Haut., 45 cent.

110 — Statuette de Mercure, de Jean de Bologne, épreuve ancienne à patine médaille. — Haut., 53 cent.

111 — Le Rémouleur (arottino), statuette de bronze

à patine verte, d'après l'antique. — Haut., 33 cent.

112 — Groupe : Laocoon et ses fils, épreuve ancienne à patine brune. — Haut., 60 cent.

113 — Deux statuettes d'enfants Bacchus en bronze, sur piédestaux quadrangulaires en marbre. — Hauteur totale, 46 cent.

114 — Christ crucifié en bronze doré. Italie, XVIe siècle. — Haut., 27 cent.

115 — Lionne dévorant un singe, bronze de *Fratin*. sur plinthe de marbre vert antique. — Long., 29 cent.

116 — Statuette de Molière debout, drapé dans un manteau et tenant un manuscrit. — Haut., 46 cent.

117 — Buste de jeune femme riant, personnifiant la Comédie. Bronze moderne. — Haut., 42 cent.

118 — Statuette de guerrier antique, nu, debout,

armé de l'épée et du bouclier ; bronze italien du XVIe siècle. — Haut., 40 cent.

119 — Statuette de David, un pied posé sur un casque ; bronze italien du XVIe siècle, muni d'une patine noire. — Haut., 35 cent.

120 — Deux petits bronzes, les Centaures, d'après l'antique, patine verte ; socles en bois noir.

121 — Taureau qui passe ; bronze à patine noire sur piédestal à moulures de bois noir.

122 — Petite coupe en bronze italien, formée d'un triton combattant un serpent.

123 — Flambeau de bronze Renaissance, à douille supportée par une faunesse assise.

124 — Deux petits bronzes : Tête de faune à patine vert antique et un sceau.

125 — Bassin de bronze à pourtour décoré d'une zone à corbeilles, d'oiseaux et d'ornements Re-

naissance; il est muni de deux coquilles en manière d'anses.

126 — Deux flambeaux de style persan.

127 — Statuette d'enfant à patine brune.

128 — Aquamanile en cuivre, formé d'un lion debout.

BRONZES D'AMEUBLEMENT

129 — Pendule de l'époque Louis XVI, en bronze ciselé et doré mat, à cadran surmonté d'un panache et supporté par deux sphinx ailés, posés sur un socle oblong de marbre blanc, décoré de peintures et garni d'appliques de bronze doré.

130 — Pendule du temps de Louis XVI, à cadran formé d'un double cercle d'émail tournant, sous la toiture d'un petit temple circulaire à deux étages en bronze doré et marbre blanc.

131 — Petite pendule Louis XV en bronze doré, à

cadran surmonté d'une statuette d'Hercule enfant et supporté par un lion qui marche. Socle de bois noir garni d'appliques de bronze doré.

132 — Pendule Louis XIV en bronze ciselé et doré, à cadran surmonté d'un amortissement, supporté par une base quadrangulaire à griffes et portant le nom : Ches Voisin, à Paris.

133 — Deux appliques en bronze ciselé et doré, d'un élégant modèle Louis XVI, à quatre lumières formées de branches de laurier encadrant une lyre que surmonte un mascaron.

134 — Deux socles oblongs, chantournés et ajourés, à motifs de rinceaux et de feuilles, bronze ciselé et doré.

TAPISSERIES

135 — Tapisserie flamande du XVIIe siècle, représentant Moïse sauvé des eaux; les montants sont décorés de figures d'amours et de guirlandes de fruits.